San Agustín

San Agustín

en tu camino

San Agustín

San Agustín

en tu camino

Selección de textos e introducción
José Ramón Ayllón

BIBLIOTHECA
HOMO
LEGENS

BIBLIOTHECA**HOMOLEGENS**

© Editorial Ivat S.L., 2025
Calle Nicasio Gallego, 9, local
28010 Madrid
91 005 35 54
www.homolegens.com

Selección de textos e introducción: José Ramón Ayllón

ISBN: 978-84-19349-96-5
Depósito legal: M-13292-2025

Maquetación: Juan Pablo Perabá
Diseño de cubierta: Álex H. Poles

Ilustración de la portada: Elena Esteve
Impreso en España - Printed in Spain

A Sol y Patricia,
a Carlos y Paco,
por su generosidad

José Ramón Ayllón

(Cantabria, 1955) estudió Filosofía y Letras en las universidades de Oviedo y Valladolid. Ha sido profesor de Ética y Antropología filosófica en la Universidad de Montevideo y en la Universidad de Navarra. Coordinador de *Nueva Revista*, es autor de *Querido Bruto*, una novela histórica protagonizada por Julio César y pensada para despertar en el aula el gusto por las humanidades y la cultura clásica. También ha publicado la novela juvenil *Vigo es Vivaldi* y varios ensayos, entre los que destacamos *Antropología paso a paso*, *En torno al hombre*, *10 claves de la educación*, *La buena vida*, *Las raíces de Europa*, *10 ateos cambian de autobús* y *Desfile de modelos,* finalista en el Premio de Ensayo Anagrama 1996. También ha escrito las biografías *Sophie Scholl contra Hitler* y *El hombre que fue Chesterton.* En Bibliotheca Homo Legens ha publicado los ensayos *El mundo de las ideologías, Ética actualizada* y *Qué leer cuanto antes,* así como *Esencia de mujer,* una cuidada selección de textos de G. K. Chesterton, y *Séneca en tu camino,* primer título de una colección de textos seleccionados de grandes pensadores.

Índice

Introducción

La vida es un camino largo y trabajoso. Entre aquellos que mejor lo han recorrido están, sin duda, los sabios y los santos. San Agustín tiene ambos títulos en grado eminente. Por nacer en 354 y morir en 430, le tocó contemplar la caída del más poderoso imperio antiguo, vivir como un sabio pagano y convertirse a la nueva religión de un mundo nuevo. En la frontera entre dos civilizaciones, es uno de los hombres que mejor ha entendido ambas culturas, y su síntesis entre platonismo y cristianismo ha influido en la filosofía, la teología y la política europea hasta nuestros días. Murió el año 430, cuando los vándalos de Genserico asediaban Hipona.

En sus *Confesiones,* la autobiografía más célebre de cuantas se han escrito, nos cuenta que nació en Tagaste, cerca de Cartago, en la franja norteafricana plenamente romanizada, y que su juventud fue tan intensa como turbulenta. La persona con más peso en su vida fue Mónica, su madre. De la mujer que amará durante diez años nacerá su hijo Adeodato. La tercera influencia decisiva la ejercerá Cicerón, a través de un libro que le contagia la pasión por la verdad.

Antes de cumplir treinta años, Agustín dominaba la historia de Roma y la filosofía griega; escribía con la brillantez de Séneca o Cicerón; gozaba de enorme prestigio como profesor de oratoria forense; tenía dinero y la vida le sonreía. Con sus amigos se había echado en brazos del hedonismo mediterráneo, pero no era feliz, y nos repite una y mil veces que se sentía permanentemente insatisfecho.

Agustín buscará la verdad en la religión maniquea y en el escepticismo neoplatónico. Más tarde, al conocer y escuchar al obispo Ambrosio, en Milán, admirará su elocuencia y entenderá la armonía entre la fe cristiana y la razón. Un día, en el huerto de su casa, escucha una misteriosa voz infantil que le dice: «*Tolle lege, tolle lege*» (toma y lee, toma y lee). Entonces echa mano del libro que tiene más cerca, la Epístola de san Pablo a los Romanos, lo abre al azar y se topa con los versículos 13 y 14 del capítulo XIII:

Andemos decentemente y como de día, no viviendo en

comilonas y borracheras, ni en
amoríos y libertinaje, ni en que-
rellas y envidias. Revestíos más
bien del Señor Jesucristo, y no
os deis a la carne para satisfacer
sus concupiscencias.

En ese momento, según nos dice,
«se disiparon todas las tinieblas de mis
dudas». Entonces se retira por unos me-
ses, con su madre y algunos amigos, a
una finca en Casiciaco, cerca del lago
Como. Allí conversa, lee y medita. Su
estado espiritual puede entreverse en
este pasaje:

Ni mis bienes eran ya exteriores,
ni los buscaba a la luz de este
sol con ojos carnales, porque los
que quieren gozar de lo exterior,
fácilmente se hacen vanos y se
desparraman por las cosas que

se ven y son temporales, y van con pensamiento famélico lamiendo las imágenes [...]. ¡Oh, si viesen ellos aquella eterna luz interna que yo había visto!

Tras un largo proceso de maduración, Agustín pedirá el bautismo cristiano, igual que sus mejores amigos. Poco después será sacerdote y obispo ejemplar. Al recordar su inesperada evolución, escribirá con agradecimiento emocionado:

¡Tarde te amé, Hermosura tan antigua y tan nueva, tarde te amé! Tú estabas dentro de mí, pero yo estaba fuera. Y fuera te andaba buscando. Semejante a un engendro de fealdad, me abalanzaba sobre la belleza de tus criaturas. Ellas, que no existirían si Ti, me tenían prisionero lejos de Ti. Hasta que me llamaste, me gritaste y venciste mi sordera. Brillaste y tu resplandor disipó mi ceguera. Exhalaste tu aroma, me tocaste, te saboreé y me abrasé en tu amor.

No se entiende a san Agustín sin su liderazgo y sus muchos amigos. Uno de ellos, Verecundo, fue quien quiso que vivieran en la casa de campo donde Agustín encontró la luz. Tenía entonces treinta y dos años. Más tarde pondrá por escrito esa primera mitad de su vida, con el título *Confesiones*. Se trata de un libro genial, apasionado e intenso. En cada una de sus páginas encontramos la introspección de un alma en carne viva, una búsqueda apasionada de la verdad y la felicidad, una oración a corazón abierto, un alarde de psicología y estilo literario.

No nos extraña que fuera, para los grandes humanistas del Renacimiento, una fuente de variada y permanente inspiración. La autenticidad y riqueza existencial que refleja el libro, escrito a los cuarenta y tres años, concita admiración en personajes tan distintos como Petrarca y santa Teresa, Pascal y Montaigne, Kierkegaard y Simone Weil. No es necesario recordar que no es la literatura el principal designio de esta obra, sino la glorificación de Dios —silencioso interlocutor en todas sus páginas— a partir de los sucesos de la propia vida. Finalidad que le lleva a escribir: «¡Ay de los que callan sobre Ti, porque no son más que mudos charlatanes!».

Esta versión, muy reducida, bien puede ganar en intensidad lo que pierde en extensión.

* * *

Si *Confesiones* inaugura el género autobiográfico, *La Ciudad de Dios* constituye el primer ensayo de filosofía y teología de la historia. Su composición también responde a las personalísimas circunstancias del autor. Era obispo de Hipona cuando, la noche del 24 de agosto del año 410, Alarico entra en Roma con sus godos y saquea la ciudad durante tres días y tres noches. Ese episodio acabó con el aura de un Imperio romano invencible y eterno. Es conocido el lamento de san Jerónimo, que vivía en Jerusalén: «Mi voz se ahoga en mi garganta y mis lágrimas empañan el texto cuando escribo. La urbe que había conquistado el orbe entero ha sido conquistada».

Algunos nobles huyeron a África y culparon del desastre a los cristianos, por haber eliminado el culto a los antiguos dioses paganos. San Agustín comienza a escribir *La Ciudad de Dios* para refutar esa acusación, pero invierte en ese empeño los últimos quince años de su vida, y logra una magna obra donde desarrolla múltiples temas de historia, filosofía y teología. Entre sus tesis más relevantes, la que señala que religión y política apuntan al mismo fin: descubrir y amar al Dios que habita en cada corazón humano. De ahí que la Iglesia fundada por Cristo deba informar al Estado con sus principios, y tenga el derecho de apoyarse en él. El denominado *agustinismo político* recorrerá, desde entonces, toda la historia política de Europa. Por eso, en *Le Monde*, Roger-Pol Droit tituló un editorial cultural de fin de año con estas palabras: *Nombre: Agustín; sobrenombre: Occidente.*

Infancia, escuela, lecturas

1. Mis *Confesiones* alaban a Dios, justo y bueno, por mis males y mis bienes, y quieren despertar hacia él la inteligencia y el corazón de los lectores.

2. Tu poder es inmenso, Señor, y tu sabiduría no tiene medida. Y yo pretendo alabarte, ya ves. Precisamente yo, una migaja de tu creación, un hombre amasado de muerte y pecado. Pero tú mismo me estimulas por la satisfacción que encuentro al alabarte, pues nos has hecho, Señor, para ti, y nuestro corazón está inquieto hasta que descanse en ti.

3.   Desconozco de dónde he venido a esta vida mortal. Solo sé que tuve una buena acogida, brindada por tu ternura. Eras tú quien ponías el alimento de mi infancia en los pechos de mi madre y mis nodrizas, de acuerdo con los criterios de tu providencia.

4.   Me enviaron a la escuela a estudiar las letras, de cuya importancia yo no tenía ni idea, y por eso mi falta de aplicación me costó buenos azotes, como a tantos niños antes que yo, multiplicando de este modo el trabajo y el dolor de los hijos de Adán.

5.   En la escuela, Señor, hice un descubrimiento: vi que había personas que te invocaban. De ellas aprendí que tú eres alguien, que eres grande y puedes escucharnos y ayudarnos, aunque no te manifiestes a nuestros sentidos.

Entonces comencé a implorarte. Yo era pequeño, pero no eran pequeños mis sentimientos y con ellos te suplicaba que no me azotasen.

6. Un día me subió de repente la fiebre como consecuencia de una oclusión intestinal, y estuve a punto de morir. Tú, Dios mío, que eras ya mi custodio, viste con qué empeño de mi corazón y con qué fe pedí el bautismo. Mi madre, que estaba anclada en tu fe con un corazón puro, también ansiaba mi iniciación en los sacramentos de la salvación. Pero me repuse inmediatamente. En aquella época yo era creyente, lo era mi madre y lo eran todos los de casa, menos mi padre.

7. Con las primeras letras tuve que memorizar los derroteros equivocados de Eneas, la muerte de Dido, que se

suicida por amor, y ciertas aberraciones que hacen famosa a la literatura más culta.

8.   Me deslumbraba la historia del caballo de madera preñado de gente armada y el incendio de Troya. Pero Homero traslada las debilidades humanas a los dioses y así los adulterios de Júpiter justifican los adulterios humanos. Después, los padres pagan para que sus hijos aprendan ese tipo de perversiones. Yo aprendí gustosamente todas esas lindezas y por eso decían que era un chico muy prometedor.

9.   ¿Qué tiene de extraño, entonces, que me dejara llevar por esa clase de vanidades y me descaminara lejos de ti, Dios mío?

10. Solía mentir al pedagogo y los

maestros. A esa conducta me llevaba mi pasión por el juego, el gusto por los espectáculos y las ganas de imitar a los actores.

11. También cometía pequeños hurtos en la despensa, unas veces por gula, otras para canjear en los juegos, donde era capaz de cualquier trampa con tal de ganar. ¿Y a esto lo llamamos inocencia infantil? No lo es, Señor, en absoluto. Es el comienzo, en cambio, de una trayectoria que empieza con nueces, canicas y pajarillos, y termina en los gobernadores y reyes, con oro, tierras y esclavos.

12. A pesar de todo te doy gracias, Señor, por el regalo de la vida. Mi memoria era buena. Buscaba la verdad en pequeños asuntos. Aunque mentía, no me gustaba que me engañaran. Me

encantaba la amistad, huía del dolor, de la bajeza y de la ignorancia. Pero pecaba al buscar placeres, honras y verdades en las criaturas, no en Dios. Por eso incurría en dolores, confusiones y errores.

Adolescencia

13. Ahora voy a evocar mis caminos de perversión, con ese poso de amargura que supone remover tales recuerdos.

14. En distintos momentos de mi adolescencia me abrasó la fiebre causada por el empacho de realidades bajas. También tuve la osadía de internarme en la espesura de amores diversos y sombríos.

15. Me deleitaba, sino amar y ser amado, pero me faltaba el justo equilibrio del amor entre alma y alma.

16.   Desde los apetitos cenagosos de mi carne y la efervescencia de mi pubertad, surgían jirones de niebla que encapotaban y nublaban mi corazón, privándole de toda capacidad de discernir entre la serenidad del amor y la oscuridad de la pasión. Ambas tendencias, sensibilidad y ardor de pubertad, arrastraban a mi débil edad por lo escabroso de las pasiones, sumiéndola en el remolino de la torpeza.

17. Me veía despeñado, derramado, diluido y en estado de ebullición a causa de mis fornicaciones. Tú callabas. Y yo, mientras tanto, iba alejándome de ti, con una degradación llena de arrogancia y con un agotamiento lleno de inquietud.

18. Mi carne tomó el control de mi persona y yo me entregué a ella

incondicionalmente, atacado por el frenesí de esos apetitos contrarios a tu ley, pero que gozan de carta blanca para degradar a los hombres.

19. ¡Qué lejano era mi exilio a los dieciséis años, apartado del confort de tu casa!

20. Mis padres no se ocuparon de evitar con el matrimonio mi caída en el precipicio. Su única preocupación era que yo aprendiera las mejores técnicas de la oratoria y de la persuasión por la palabra.

21. Mi madre anhelaba —y recuerdo que así me lo recalcó— que evitara la fornicación, haciendo especial hincapié en la huida del adulterio con mujeres casadas. A mí se me antojaban consejos mujeriles, y me parecía humillante

hacer caso de ellos. Pero en realidad eran avisos tuyos que yo no percibía.

22. En mi obcecación, pensaba que ser menos libertino que mis compañeros era un motivo de humillación. Ellos estaban orgullosos de sus torpezas, y por ellas ganaban popularidad. Cuando yo no conseguía hacer lo mismo, inventaba cosas que no había hecho, para no parecer menos degradado por ser más inocente.

Estudios en Cartago

23.   Llegué a Cartago y toda la ciudad chisporroteaba como una sartén de amores depravados. Por esa época yo no amaba todavía, pero deseaba amar. Mi alma era una pura llaga, llena de mezquina avidez. Me dediqué a mancillar el manantial de la amistad con las impurezas de la pasión. Me asqueaba la seguridad y me aburría el camino sin trampas, hasta que caí en las redes del amor, mi trampa favorita. Pero la primera euforia dejó paso a los azotes con varas de hierro candente, provocados por celos, sospechas, temores y peleas.

¡Qué bueno fuiste, Dios mío, al rociar con tanta hiel aquella suavidad!

24. Me sentía fuertemente atraído por las obras de teatro, repletas de las imágenes de mis propias miserias y de los incentivos de mi fogosidad. Disfrutaba viendo a los amantes engolfados en sus vicios, y sus desgracias me arrancaban lágrimas. Así era mi vida, si es que a eso se le podía llamar vida.

25. ¡Con qué cantidad de maldades me fui enviciando! Seguí la pista de una sacrílega curiosidad, que me llevó a ofrecer los obsequios más degradantes a los demonios, en cuyo honor inmolaba mis malas acciones. Recuerdo que un día llegué a la osadía de cometer —dentro del recinto de tu iglesia y en medio de la acción litúrgica— una acción que me acarreó frutos de muerte.

26. De todas formas, yo era mucho menos atrevido que los jóvenes desmadrados de la ciudad. Trataba con ellos, pero mi actitud era cínica, pues no era ni me consideraba uno de ellos. Frecuentaba sus reuniones y a veces disfrutaba en su compañía, pero siempre desaprobaba sus orgías y gamberradas.

27. Al mismo tiempo, me dedicaba a los prestigiosos estudios que tenían como meta la carrera forense, los tribunales y los pleitos. Buscaba el prestigio de esa profesión, que se adquiere cuanto más se recurre con éxito a procedimientos fraudulentos. Yo era el mejor de mi promoción en la escuela de retórica, y disfrutaba con vanidad y pedantería.

El *Hortensio*, de Cicerón

28. Siguiendo el programa académico me encontré con un libro de un tal Cicerón. Era una exhortación a la filosofía que llevaba por título *Hortensio*. Su lectura cambió mi mundo afectivo, mis proyectos y mis deseos. También encaminó mis oraciones hacia ti, Señor.

29. De golpe, las expectativas de mi frivolidad perdieron crédito, y con increíble ardor deseaba la sabiduría. Estaba a punto de cumplir diecinueve años, mi padre había fallecido hacía dos, vivía

del dinero que me enviaba mi madre y empecé a leer no ya para afinar la sutileza de mi lengua y ganar más dinero, sino por el mismo contenido del libro.

30. Su lectura era un incentivo, una provocación para que yo buscara y abrazara no esta o aquella postura filosófica, sino la sabiduría sin aditivos. Lo único que aguaba mi entusiasmo era no encontrar en sus páginas el nombre de Cristo. Porque el nombre de mi Salvador lo había mamado mi corazón con la leche materna, y lo tenía profundamente grabado. Así que tomé la resolución de estudiar las Sagradas Escrituras y evaluar su contenido.

31. Pero la Escritura enseña a los sencillos y yo, hinchado de orgullo, me consideraba superior a cualquiera.

32. Me acerqué a los maniqueos, unos tipos de orgullo delirante, demasiado carnales y charlatanes, que hablaban constantemente de la verdad, mientras su corazón estaba vacío. Yo les tomaba el pelo, pero también fui cayendo en extravagancias y aberraciones.

33. Tenía hambre y sed de ti mismo, que eres la verdad, y ellos solo me daban libros que hablaban de tu creación corpórea. En su comida estaban el sol y la luna, bellezas salidas de tus manos, al fin y al cabo, obras tuyas, pero no tú mismo.

34. La comida de los que sueñan se parece muchísimo a la comida de los que están despiertos, mas no alimenta a los que duermen. Así, yo me alimentaba de vaciedades, pero en realidad

me quedaba en ayunas. Y por esa insuficiencia de verdad estaba enfermo y ardía de fiebre.

35. Yo no sabía que Dios es espíritu, y no un ser dotado de miembros corporales. Tampoco sabía qué es lo que hay en nosotros para que se diga que estamos hechos a imagen de Dios. Ni tenía idea de la verdadera conciencia, que no emite sus juicios apoyada en las costumbres de la mayoría, sino según la rectísima ley del Dios omnipotente.

36. Cuando terminé mis estudios pude ejercer por primera vez como profesor de retórica. Lleno de ambición, vendía una palabrería destinada a cosechar laureles, pero tuve que sufrir la indisciplina de los estudiantes de Cartago, que solían irrumpir de forma

descarada en las aulas, como auténticos energúmenos, y hacían imposible la tarea de dar clase. Cometían, además, todo tipo de desmadres, que la ley no castigaba por ser tradicionales. Y lo peor de esa impunidad era la ceguera y alienación mental que causaba en los desmadrados.

Oración de Mónica

37. Mi madre, mientras tanto, lloraba en tu presencia, por mí, mucho más de lo que lloran las madres la muerte física de sus hijos. Y tú la escuchaste, Señor, y no mostraste desdén por sus lágrimas.

38. Pero yo seguía revolcándome en el profundo lodazal y en las tinieblas de la falsedad. A mis ligeros amagos de levantarme seguían caídas cada vez más graves. Ella era una viuda casta,

piadosa y sobria, como Tú las quieres, y sus plegarias llegaban a tu presencia.

39. Le diste una respuesta por medio de un obispo tuyo. Este hombre dijo a mi madre que yo, engañado por la herejía maniquea, era refractario a todo consejo. Sabía, además, que yo había confundido y atosigado a muchos ignorantes, suscitando polémicas. «Déjale tranquilo —dijo—. Limítate a pedir al Señor por él». Al mismo tiempo le contó su experiencia personal: siendo niño, su madre, engañada, le había puesto en manos de los maniqueos, y él había visto bien clara la necesidad de apartarse definitivamente de aquella secta.

40. Como mi madre no se tranquilizaba, sino que seguía insistiendo y llorando a lágrima viva para que tuviera una

entrevista conmigo, le dijo: «Anda, vete y vive muchos años. Es imposible que se pierda el hijo de tantas lágrimas». Esta respuesta sonó en sus oídos como un oráculo celestial, según me contó después muchas veces.

Muerte de un amigo

41. Durante nueve años, desde los diecinueve hasta los veintiocho, ejercí el doble oficio de seducido y seductor.

42. ¿Qué era yo sin ti? Un líder que conducía al precipicio. ¿Y qué es el hombre, cualquier hombre, si no es más que hombre?

43. Sin estar casado, convivía con una mujer a la que guardaba fidelidad. Así tuve experiencia de la distancia que hay entre el amor conyugal, pactado con vistas a los hijos, y el amor lascivo,

donde los hijos nacen contra el deseo de sus padres, aunque una vez nacidos se sientan obligados a quererlos.

44. Apenas senté cátedra en mi ciudad natal, tuve un amigo que llegó a ser íntimo. Teníamos los mismos estudios y la misma edad, en la flor de la juventud. Juntos habíamos crecido desde niños, juntos habíamos ido a la escuela y habíamos jugado. Pero entonces no era tan amigo como lo fue más tarde.

45. Yo le había desviado de la verdadera fe y le había arrastrado hacia las fábulas supersticiosas que causaban tantas lágrimas a mi madre. Pero tú, pisando los talones a estos dos fugitivos tuyos, te lo llevaste de esta vida cuando apenas hacía un año que yo disfrutaba de su amistad. Él era para mí más dulce que todos los placeres de mi vida. ¿Qué

es lo que hiciste, Dios mío? ¡Qué impenetrable es el misterio de tus decisiones!

46. Atacado por una fiebre alta y con un sudor mortal, se le bautizó estando inconsciente. Yo no me aparté de su lado ni un instante. Cuando mejoró y pudo hablar, traté de ridiculizar el bautismo que había recibido sin conocimiento. Pero mi actitud le desagradó profundamente y me advirtió que, si quería seguir siendo su amigo, me abstuviera de semejantes comentarios. Yo, lleno de asombro y turbación, moderé mi fogosidad, esperando a que recobrara la salud. Pocos días después, estando yo ausente, le repitió la fiebre y murió.

47. ¡Qué angustia ensombreció mi corazón! Todo me hablaba de la muerte a mi alrededor. Mi ciudad natal se convirtió en un suplicio; la casa de mis

padres, en una completa desolación. El recuerdo de lo que había compartido con él era un tormento insufrible. Mis ojos le buscaban constantemente, y él no estaba. Llegué a odiarlo todo, porque todo estaba vacío de él. Solo llorar me consolaba.

48.   Era yo un miserable, como miserable es todo ser humano prisionero de su gusto por las realidades perecederas, pues queda destrozado cuando las pierde. Al haber muerto aquel a quien yo había amado como si nunca fuera a morir, me parecía raro que yo mismo siguiera vivo. ¿No dijo Horacio que su amigo era la mitad de su alma? Yo también sentía que éramos una sola alma en dos cuerpos. Por eso la vida me resultaba una tortura, aunque también tenía mucho miedo a la muerte.

49. ¡Oh, locura insensata, que no sufre los azares de la vida con moderación! Así era yo entonces: me abrasaba, suspiraba, lloraba, me agitaba sin hallar descanso ni consejo. Mi alma, rota y ensangrentada, no toleraba que yo fuese su portador, y yo no sabía dónde ponerla. No me tranquilizaban los paseos por el bosque, ni los juegos, ni las canciones, ni los banquetes, ni los placeres de alcoba, ni siquiera los libros y la poesía. Todo me era repulsivo, hasta la misma luz del sol. Sin mi amigo, todo me resultaba tedioso y abrumador. Solo en las lágrimas encontraba un pequeño alivio.

50. Yo sabía, Señor, que debía elevar mi alma hasta ti para sanarla. Pero no quería ni podía, porque cuando pensaba en ti, no eras algo real y consistente, sino un vago fantasma. Así que mi

error era mi Dios. Mi alma era un paraje miserable, pero yo no podía huir de ella. ¿Adónde podría ir huyendo de mí mismo? Sin embargo, hui de mi ciudad natal y partí de Tagaste a Cartago.

Amigos en Cartago

51. Por fortuna, el tiempo no se toma vacaciones. Y los días —que no pasan sin dejar su huella sobre nosotros— operan cambios asombrosos sobre nuestro estado de ánimo. Venían y pasaban las jornadas, y al venir y al pasar iban colmando mi vacío con los antiguos placeres, y mi dolor se iba replegando ante la vuelta de éstos. Pero lo que más aceleraba mi recuperación era el calmante de mis nuevos amigos. Con ellos amaba lo que ocupaba tu lugar: un mito colosal y una mentira inacabable.

52. La vida con mis amigos me resultaba cautivadora por la posibilidad de charlar y reír juntos, de hacernos favores y bromear, de leer en común libros amenos, de discutir sin enfadarnos, de instruirnos mutuamente en algún tema, de sentir nostalgia de los ausentes y alegrarnos a su vuelta. Estos eran los incentivos que iban fundiendo nuestras almas y de muchas hacían una sola.

53. Pero todas las cosas hermosas nacen y mueren. Por tanto, no seas frívola, alma mía, y alaba a Dios por ellas. Haz que revierta tu amor sobre el artífice que las plasmó, no sea que le desagrades precisamente en aquello que te agrada a ti.

54. Nada de esto sabía yo entonces, cuando tenía veintiséis o veintisiete años y preguntaba a mis amigos qué es

la belleza, y qué nos atrae en las cosas que amamos.

55. ¿De qué me servía haber leído y entendido las *Categorías* de Aristóteles? Al creer que en aquellas diez formas de ser queda englobado todo lo que existe, incluso Tú, lo único que conseguía era no entenderte. Yo estaba frente a los objetos iluminados, pero de espaldas a la fuente de la luz.

56. Dominaba la elocuencia, la retórica, la dialéctica, la aritmética, la geometría y la música, pero seguía pensando que Tú eras un cuerpo luminoso e inmenso, y que yo no era más que una partícula de ese cuerpo. ¡Qué perversión tan enorme! Por eso, como no me importó blasfemar ante los hombres y ladrar contra ti, ahora no me avergüenzo de invocarte y confesar tus misericordias.

Maniqueo poco convencido

57. Voy a contar lo que me pasó a los veintinueve años. Acababa de llegar a Cartago cierto obispo maniqueo, de nombre Fausto. Eran muchos los hechizados por su elocuencia y estilo pulido. También yo alababa su oratoria, aunque sabía distinguir entre la retórica y la verdad. Y lo que a mí me interesaba era la verdad, no el valor artístico de la vajilla en que me servía la palabra.

58. Me lo presentaron como un experto en artes liberales. Yo había leído mucha filosofía, que me servía de

referencia frente a las farragosas inven-
ciones de los maniqueos. Prefería a los
filósofos acreditados, que llegaron a
una concepción bastante acertada del
mundo, aunque no descubrieron a su
Autor, porque no le buscaban religiosa-
mente. Algunos sí te descubrieron, pero
no se entregaron a ti, no decapitaron
su vanidad ni rebajaron su altanería. El
caso es que yo retenía muchas verdades
de los grandes filósofos, las comparaba
con las afirmaciones de Manes y veía
que estas eran puros disparates.

59. Durante los nueve años que presté
oídos a los maniqueos, ninguno supo
responder a mis objeciones. Se limita-
ban a remitirme a Fausto, asegurando
que en una simple entrevista disiparía
todas mis perplejidades. Tan pronto
como llegó vi que era un hombre lleno
de simpatía, de conversación amena,

que decía lo mismo que los otros con más gracia y desenfado. ¿Qué sacaba en limpio mi sed ante aquel finísimo escanciador? Nada, porque mis oídos ya estaban saturados de ese tipo de palabras, que no me parecían mejores por estar mejor dichas.

60. En mi primera oportunidad de hablar con él, le planteé problemas de astronomía y reconoció modestamente su ignorancia. Fausto no pertenecía a aquel hatajo de charlatanes que tantos años tuve que aguantar. Este rasgo de su personalidad hizo que su figura me resultara más atractiva. Continué frecuentando su trato, pues se interesó por las enseñanzas literarias que yo impartía como profesor de retórica. Y yo permanecí en la secta maniquea en espera de que se me presentara una opción mejor.

A Roma, sin Mónica

61. Mis amigos me animaron a dejar Cartago y establecerme en Roma. Si me convencieron no fue por motivos económicos o de prestigio, sino muy principalmente porque me habían dicho que los estudiantes de Roma eran más pacíficos en clase, gracias a la rigurosa disciplina de sus estatutos.

62. Pero las verdaderas razones de mi marcha de Cartago y de mi viaje a Roma las sabías tú, Dios mío. Y no nos las dejabas entrever ni a mí ni a mi madre, que lloró amargamente mi

partida. Yo la engañé, prometiendo que no zarparía o le permitiría venir conmigo. Pero mentí a mi madre, ¡a aquella madre!, y me escabullí. Logré convencerla de que pasara la noche en una capilla cercana a nuestra nave, dedicada a san Cipriano. Y aquella misma noche me escapé y la dejé en tierra, llorando y rezando.

63. ¿Qué era lo que ella te pedía, Dios mío, sino que me impidieras zarpar? Pero tú, en tus elevados designios y escuchando la esencia de sus anhelos, desestimaste su demanda de momento, para hacer de mí aquello que constituía el objeto continuo de sus plegarias.

64. Sopló el viento, hinchó nuestras velas y fueron desapareciendo de nuestra vista aquellas playas donde mi madre, al amanecer, enloquecía de dolor

y atronaba tus oídos con sus quejas y gemidos. Como todas las madres, y aún más que la mayoría, deseaba tenerme a su lado, sin sospechar las grandes satisfacciones que Tú proyectabas para ella en mi ausencia.

65. Llegué a Roma y caí enfermo. Ya me veía camino del sepulcro, cargado con muchos y graves pecados. Pero no deseaba tu bautismo, ni siquiera en aquel trance tan peligroso. Mi madre no sabía nada, pero rezaba por mí y tú la escuchabas. En realidad, no tengo palabras para describir el amor que me tenía y su afán por darme a luz como cristiano, mucho mayor que su ilusión cuando me vio nacer. Por eso, mi muerte en tal estado habría sido morir dos veces, y ella no hubiera podido soportarlo. Habría sido una puñalada en sus entrañas de madre. ¿Y dónde estarían

ahora tantas y tantas oraciones como sin cesar te dirigía? ¿Ibas tú a desairar, Dios de las misericordias, el corazón contrito y humillado de una viuda casta y sobria, que hacía tantas limosnas? Una viuda que ni un solo día se olvidaba de presentar su ofrenda ante tu altar, que iba dos veces al día —mañana y tarde— a tu iglesia, sin faltar nunca, y no para dedicarse a cotilleos de viejas, sino para oír tu palabra y para que Tú escucharas sus oraciones.

66. Estoy muy lejos de pensar que tú la engañaras en sus visiones y en tus respuestas. Ella las guardaba fielmente en su pecho, y en sus oraciones te las presentaba como documentos firmados por tu puño y letra.

67. Salvaste, Señor, al hijo de tu sierva y le restableciste corporalmente.

Empecé a frecuentar los círculos de los maniqueos romanos. Como ellos, me sentía libre de pecado porque atribuía mis malas acciones a una parte de mi naturaleza extraña a mí. Aunque, a decir verdad, yo era todo aquello, y mi peor pecado era no considerarme pecador, pues eso me hacía incurable.

68. De inmediato me puse a enseñar retórica, y pronto descubrí que los estudiantes de Roma practicaban otro tipo de calaveradas. Estaba de moda conchabarse para no pagar al maestro y pasarse en bloque a otro. Esa conducta me pareció indecente. Así, cuando supe de una plaza de profesor de retórica en Milán, presenté mi solicitud y conseguí la cátedra.

En Milán, Ambrosio

69. En Milán me encontré con Ambrosio, su célebre obispo, popular en todas partes, considerado entre los mejores, siervo tuyo piadoso. Sus elocuentes sermones proporcionaban a tu pueblo un alimento sabroso y perfecto. Me acogió como un padre y se interesó por mi viaje. Yo le correspondí con una sincera estima. Ponía todo mi interés en escuchar sus homilías, pero no me interesaban los temas, sino aprender de su elocuencia.

70. Sin embargo, perfectamente sincronizados con las palabras objeto de

mi interés, iban surgiendo los contenidos objeto de mi desdén. No podía disociar lo uno de lo otro. Y cuando abría mi corazón a la retórica, con ella se colaba un poco de la verdad de los temas expuestos.

71.   Me di cuenta de que sostener la fe católica no era una postura irracional, como había pensado. Entonces tomé la resolución de abandonar a los maniqueos. En su lugar no quise poner a los filósofos, pues desconocen el saludable nombre de Cristo, y tomé la resolución de ser catecúmeno en la Iglesia católica, que me había sido recomendada por mis padres.

72. Mi madre estaba conmigo, tras haberme seguido por tierra y por mar, segura de ti en todos los peligros, después de haber infundido ánimos a la

tripulación en las borrascas, pues les aseguró que llegarían sanos y salvos porque tú se lo habías prometido en una visión.

73. Acudía con entusiasmo a la iglesia y quedaba extasiada ante la predicación de Ambrosio. Amaba a aquel hombre como a un ángel de Dios desde que supo la influencia que había tenido sobre mí.

74. Ambrosio pertenecía a la alta sociedad y vivía el celibato. Yo no tenía ni idea de la gran reserva de esperanza que atesoraba, ni podía imaginar las tentaciones que tenía que superar por su propio rango y categoría. También desconocía el consuelo que le deparaban las contrariedades, y el secreto gusto de su corazón cuando saboreaba tu pan. Él tampoco conocía mis zozobras,

ni el peligroso abismo sobre el que me debatía. Me resultaba prácticamente imposible abordarle para charlar, pues atendía una gran cantidad de asuntos urgentes. En su escaso tiempo libre, alimentaba su cuerpo o nutría su espíritu con la lectura, y yo no me atrevía a interrumpir su concentración.

Insatisfacción profunda

75.   Un día me crucé con un mendigo borracho, que se estaba divirtiendo mucho. Comenté a mis amigos que todos nuestros proyectos buscaban el puerto seguro de la alegría, donde ya se nos había adelantado aquel mendigo y donde tal vez nosotros no llegaríamos nunca. Lo que él había conseguido con unas pocas monedas de limosna era lo que yo buscaba por laberintos y vericuetos fatigosos.

76. El mendigo no disfrutaba de la auténtica alegría, pero la que yo

ambicionaba era todavía más falsa. Una cosa era clara: él estaba de buen humor y yo andaba angustiado. Él se sentía seguro, y yo estaba ansioso. Por otra parte, él iba a digerir el vino a lo largo de la noche, mientras que yo había dormido mi borrachera, me había levantado con ella y me volvería a dormir y a levantar no sé cuántos días más. Esta comparación me hizo ver lo mal que me encontraba.

77. Hablé de esto con mis amigos Alipio y Nebridio. Alipio había nacido en el mismo municipio que yo, en una familia acomodada. Más joven que yo, lo tuve como alumno en Tagaste y en Cartago. Me estimaba mucho porque creía en mi bondad y en mi preparación académica. Yo le apreciaba por su personalidad y su fondo de virtud, sorprendentes para su edad. En Cartago

tenía una afición loca por el circo, y eso me preocupaba. Un día, comentando un texto en clase, puse en ridículo a quienes estaban esclavizados por esos espectáculos. Aunque lo dije sin pensar en él, lo tomó como alusión personal. Y lo que a otro habría molestado, a este noble muchacho le sirvió para avergonzarse de sí mismo y aumentar su aprecio por mí. Desde entonces se alejó de toda aquella basura.

78. Alipio me había precedido en Roma para realizar los estudios de Derecho, donde sus compañeros se empeñaron en llevarle a los espectáculos de gladiadores. Después de resistirse, accedió de mala gana, convencido de que no se dejaría seducir. Pero la sangre y la violencia de los luchadores penetraron en su espíritu como una droga irresistible: ya no era el mismo hombre

que acababa de llegar a Roma. En lo sucesivo no necesitó que le llevasen esos compañeros, sino que él mismo arrastró a otros.

79. Cuando me lo encontré en Roma, Alipio ya no se separó de mí. Partió conmigo a Milán y quiso hacer prácticas de Derecho, pues había terminado la carrera. Ya antes había ejercido de asesor jurídico con una integridad que causaba admiración en todos y que fue puesta a prueba no solo con dinero, sino con la intimidación y el chantaje. En Roma había un senador de mucha influencia, que tenía obligada a mucha gente a base de favores, y amedrentados a otros muchos. Se le antojó llevar a cabo un proyecto ilegal, pero Alipio se opuso. Entonces quisieron sobornarle con dinero, pero él lo tomó a broma. Cuando llegaron las amenazas, no hizo ni caso. Su temple

le granjeó la admiración general, pues nadie osaba enfrentarse a hombre tan poderoso, a quien todo el mundo quería como amigo y nadie como enemigo.

80. Así era mi amigo Alipio, y ambos estábamos en la encrucijada de nuestras vidas, sin saber qué camino tomar.

81. También Nebridio había venido a Milán, sin otra razón que la de vivir conmigo y buscar la verdad. Para ello había dejado Cartago y su ciudad natal, había abandonado una magnífica hacienda de su padre, había dejado su casa y dicho adiós a su madre. Igual que nosotros, andaba desorientado y anhelante. Era un estudioso apasionado de la felicidad humana, con una extraordinaria inteligencia.

82. Éramos tres bocas hambrientas,

tres mendigos que compartíamos nuestra indigencia. Teníamos la esperanza puesta en ti, en que nos dieses alimento en el tiempo oportuno. Tratábamos de averiguar el motivo de nuestra zozobra, pero solo nos rodeaba la oscuridad. Una y otra vez nos preguntábamos hasta cuándo iba a durar esa insatisfacción.

83. Me causaba estupor considerar el tiempo transcurrido desde mis diecinueve años, cuando nació mi pasión por la filosofía y me propuse dejar mi vanidad y mis pasiones. Ahora tenía treinta y seguía chapoteando en el mismo lodazal, lleno de avidez por disfrutar del presente. También me tentaba la posibilidad de abandonar todo y dedicarme a la búsqueda de Dios y de la felicidad, tal vez casándome con una mujer de buena posición económica, para consagrarnos ambos al estudio de

la sabiduría. Había muchos preceden-
tes de grandes hombres.

84. Mientras daba vueltas a esos pensamientos, iban pasando los años sin
tomar una determinación. Amaba la
vida feliz, pero la buscaba huyendo de
ella. Pensaba que iba a ser muy desgra-
ciado si me privaba de las caricias de
una mujer, y no pensaba en la medicina
de tu misericordia, que podía curar esa
dolencia. Carecía de experiencia y creía
que la continencia dependía de mis
propias fuerzas. Era tan necio que desconocía el testimonio de las Escrituras,
según el cual nadie puede ser continen-
te si tú no se lo concedes.

85. Alipio me desaconsejaba el matrimonio, pues entonces ya no podríamos
dedicarnos al ocio y al estudio. Él era ín-
tegro en este punto. Aunque había tenido

sus experiencias sexuales en la adolescencia, no se había hecho adicto a ellas, las había deplorado y vivía la continencia. Yo, en cambio, arrastraba mis cadenas y no quería verme libre de ellas. A él le costaba entender que una persona como yo tuviera tal dependencia de esos placeres. Su espíritu, libre de todas aquellas trabas, sentía extrañeza de mi esclavitud.

86. Mi madre, empeñada en casarme, había encontrado una joven a la que faltaban dos años para la edad núbil. Como nos satisfacía a todos, solo había que esperar.

87. Por otra parte, un grupo de diez amigos estábamos pensando, después de comentar las azarosas contrariedades de la vida, vivir un ocio tranquilo. Pondríamos todo en común, formando un patrimonio único. Romaniano, el

más rico de todos, era quien más empujaba la realización del plan. El proyecto se esfumó cuando nos preguntamos qué opinarían nuestras mujeres. Y así volvimos a las quejas y lamentaciones.

88. Cuando apartaron de mi lado, como impedimento para el matrimonio, a la mujer con quien solía compartir mi lecho, el corazón quedó llagado y manando sangre. Ella se marchó a África, tras hacer la promesa de no conocer a otro hombre, dejando conmigo al hijo natural que habíamos tenido. Yo, incapaz de soportar la espera de los dos años que me restaban para casarme, me busqué otra mujer. No como esposa, claro, sino por ser incapaz de vencer la costumbre que me esclavizaba.

89. Lo único que me frenaba era el miedo a la muerte y a tu juicio futuro.

Este miedo nunca se apartó de mi pecho, aun en medio de mi confusión de ideas. Yo discutía con Alipio y Nebridio sobre el bien y el mal, y me hubiera gustado dar la razón a Epicuro, pero creía que después de la muerte queda la vida del alma y la sanción de nuestras acciones, cosa que Epicuro no quiso creer.

90. Yo pensaba que, si fuéramos inmortales, la felicidad consistiría en un continuo placer corporal. Estaba tan hundido y tan ciego, que me sentía incapaz de imaginar la luminosidad de la virtud y de la belleza.

91. ¡Qué caminos tan tortuosos los de mi alma! Daba vueltas y más vueltas, se ponía de espaldas, de lado, boca arriba, boca abajo, y todo lo encontraba duro.

La fe razonable

92. Yo no Te imaginaba como un cuerpo humano, pero tampoco concebía lo espiritual. Mi pesada y confusa mente estimaba que no existe lo que no se extiende por un espacio concreto, lo que no se expande o condensa. Mi mente vagaba por las mismas formas donde suelen vagar mis ojos. No veía que la misma capacidad mental con que iba formando tales imágenes era algo distinto de estas.

93. También andaba yo buscando el origen del mal, pero lo buscaba mal.

Me preguntaba de dónde procede, si un Dios bueno hizo buenas todas las cosas. En esta tolvanera de pensamientos me hundía y me ahogaba, al tiempo que se hacía estable la fe en tu Iglesia católica, y en tu Cristo, Señor y Salvador nuestro.

94. Por esa época dejé de creer en las predicciones de los astrólogos, pues ya creía en tu providencia sobre los hombres y en tu justicia. También creía que has puesto el camino de la salvación humana en Cristo —Hijo tuyo y Señor nuestro—, y en las Sagradas Escrituras, avaladas por la autoridad de tu Iglesia católica.

95. Creía que esta salvación de la humanidad está encaminada hacia aquella otra vida que sobrevendrá después de la muerte. Pero seguía preguntándome,

ansioso, de dónde procedía el mal. Solo
Tú sabías la intensidad de mi sufri-
miento. Nadie más lo sabía, ni siquiera
mis mejores amigos. Ni tiempo ni palabras tenía yo para contarles todo el
alboroto de mi espíritu.

96. Pero tú, Señor, con la eficaz medicina de unos dolores saludables, ibas
curando la visión alterada y oscurecida
de mi mente.

97. Lo primero que hiciste fue propor-
cionarme libros de los platónicos, tra-
ducidos del griego al latín. Leí en ellos
que en el principio existía la Palabra,
y que la Palabra estaba junto a Dios y
era Dios. Que todas las cosas fueron
hechas por ella. Que ella es la luz verdadera que ilumina a todo hombre. Y
que vino al mundo y no fue reconocida
por el mundo.

98. Ante la sugerencia de aquellos escritos, que me encarecían el retorno a mí mismo, entré en mi interior bajo tu guía y vi una luz inmutable. Dirigiste tus rayos sobre mí y sentí un escalofrío de amor y de terror. Y entonces te conocí por vez primera.

99. Y desde entonces, oh, eterna verdad, tú eres mi Dios y por ti suspiro día y noche.

100. Ahora me sería mucho más fácil dudar de mi propia vida que de la existencia de aquella verdad que se hace visible a la inteligencia a través de las cosas creadas.

101. Quiero decir que todas las cosas evidencian que eres digno de alabanza: los cetáceos y los abismos, el fuego, el granizo, la nieve, el hielo, el viento

huracanado que ejecuta tus mandatos, los montes y las colinas, los árboles frutales y todos los cedros, las fieras y todos los ganados, los reptiles y las aves aladas, los reyes de la tierra y todos sus pueblos, los príncipes y los jueces, los jóvenes y las muchachas, los ancianos y los niños.

102. Vi por experiencia que nada tiene de extraño que los paladares enfermos hagan ascos al pan, que es sabroso al paladar sano, y que a los ojos enfermos les resulte odiosa la luz, que es agradable a los ojos sanos. Lo mismo ocurre con tu justicia: resulta molesta a los malos.

103. Me sorprendió amarte a ti, no a un fantasma de la imaginación que hiciera tus veces.

104. Aunque me atraía tu belleza, mi propio peso me arrancaba de ti, y volvía

a desplomarme sobre las realidades terrenas. Este peso era mi querencia carnal. Pero conmigo estaba tu memoria. Ya no albergaba la más mínima duda de que existía un ser al que arrimarme, y que lo invisible de ti, tu eterno poder y divinidad, se comprende desde lo que has creado.

105. Pensaba yo que Jesucristo era un hombre extraordinariamente sabio, inigualable. Estimaba que debía ser antepuesto a todos los demás hombres. Pero no entendía el significado de la expresión «la Palabra se hizo carne».

106. Entonces tomé las Escrituras venerables y, gracias a san Pablo, fueron desvaneciéndose los puntos oscuros y apareció ante mí la verdad de tus palabras. Pero, aunque el hombre se deleite en tu ley, ¿qué hará con esa otra ley escrita

en sus miembros, que le encadena a la ley del pecado? ¿Qué hará el hombre en medio de su miseria? ¿Quién le liberará de este cuerpo mortal, sino tu gracia por medio de Jesucristo?

107. Esto no me lo enseñaban mis libros platónicos. En sus páginas no hay lágrimas de arrepentimiento, ni tu sacrificio, ni un alma angustiada, ni salvación alguna. Son páginas en las que nadie canta que tú eres nuestro Dios y nuestro Salvador. Nadie escucha allí la invitación «venid a mí todos los que estáis cansados». Consideran poca cosa aprender de él, porque es manso y humilde de corazón.

108. Una cosa es contemplar desde una cima la patria de la paz, sin hallar el camino que conduce a ella, después de vanas tentativas, y otra muy distinta es

mantenerse en el camino, bajo la protección del Emperador del Cielo. Estos pensamientos iban alimentando mis entrañas de forma sorprendente, mientras leía al último de tus apóstoles. La consideración de tus obras me había llenado de pasmo.

El ejemplo de Victorino

109. Veía la Iglesia abarrotada de fieles, y yo me había enamorado de su belleza y dulzura. Había encontrado la perla preciosa y tenía que comprarla, aunque tuviera que vender todos mis bienes. Pero la mujer me tenía atado.

110. Me dirigí a Simpliciano, a quien Ambrosio amaba como a un padre. Simpliciano, para animarme a vivir la humildad de Cristo, me habló de Victorino, un romano sabio, maestro de muchos nobles y senadores. Había ofrecido sacrificios a los dioses

paganos, como casi toda la nobleza romana, pero luego se había transformado en un niño delante de Cristo, bajo el yugo de la humildad.

111. Después de leer y estudiar a fondo la Sagrada Escritura, Victorino confió a Simpliciano que ya era cristiano. Pero este le respondía: «No me lo creeré ni te contaré entre los cristianos mientras no te vea en el templo de Cristo». A lo que Victorino replicaba medio en broma: «¿Es que las paredes hacen cristianos?».

112. En realidad, Victorino tenía miedo de ofender a sus amigos, orgullosos adoradores de los demonios. Suponía que iban a caer sobre él sus antipatías. Pero luego temió que Cristo le negara a él delante de los ángeles si él se acobardaba y no le confesaba delante de los hombres. Y entonces depuso su actitud

vergonzosa ante la vanidad y se ruborizó ante la verdad.

113. Cuando se decidió a ir a la iglesia, adquirió instrucción sobre los misterios sagrados y quiso bautizarse, ante la sorpresa de Roma y la alegría de la Iglesia. Al ver esto, la gente importante de Roma se ponía furiosa y se reconcomía.

114. Llegó el momento de hacer la profesión de fe, que en Roma suele hacerse en presencia del pueblo cristiano. Victorino rechazó la posibilidad que le ofrecían de una ceremonia privada, pues cuando enseñaba retórica lo hacía públicamente, aunque no está en la retórica la salvación. Cuando salió a hacer su profesión de fe, en medio del templo, los presentes le vitorearon espontáneamente.

115. ¡Vamos, Señor! ¡Insiste en tu llamada y despiértanos, entusiásmanos y arrástranos, deslúmbranos! ¿No es cierto que son muchos los que retornan a ti desde un abismo de ceguera más profundo que el de Victorino? ¿No es cierto que se acercan a ti y son iluminados, y acogidos hasta el punto de llegar a ser hijos tuyos?

La carne contra el espíritu

116. Después de escuchar la historia de Victorino, ardí en deseos de imitarle. Pero mi voluntad estaba en manos del enemigo, sujeta por una cadena con la que me tenía bien atado. Porque de la pasión nace la voluntad pervertida; de servir a la pasión nace la costumbre; y de la costumbre no combatida surge la adicción. Con estos eslabones estaba forjada la cadena que me tenía esclavizado. De este modo, mis dos voluntades, una vieja y otra nueva, una carnal y otra espiritual, peleaban entre sí. Este antagonismo destrozaba mi alma.

117. Ya no me valía la antigua excusa de no ponerme a tu servicio por no tener las cosas claras. Ahora tenía un conocimiento claro de la verdad, y bien claro. Pero, apegado a la tierra, rehusaba militar en tus filas. Igual que acontece a quien empieza a despertarse, pero quiere seguir durmiendo, yo prefería estar dulcemente aprisionado por mis costumbres.

118. Sin excusas frente a tus requerimientos, solo podía decirte que esperaras un poco, que en breve me levantaría hacia ti. Pero «un poco» y «en breve» iban para largo. ¡Infeliz de mí! ¿Quién me libraría de este cuerpo de muerte, sino tu gracia por medio de Jesucristo nuestro Señor?

119. Cierto día, un tal Ponticiano vino a casa, a vernos a Alipio y a mí. Era

un alto cargo en la corte, africano y compatriota nuestro. Casualmente, teníamos sobre la mesa las epístolas del apóstol san Pablo. Sonriendo y mirándome con complacencia, manifestó su sorpresa por encontrar en mi casa precisamente ese libro. Él era un fervoroso cristiano. Al encauzar la conversación por esos derroteros, empezó a hablar de Antonio, célebre monje de Egipto que nosotros desconocíamos. Y nos dejó maravillados.

120. De ahí derivó la conversación hacia las comunidades monásticas. Incluso en Milán, extramuros, había un monasterio bajo la dirección de Ambrosio, y nosotros no lo sabíamos.

121. Después nos contó algo que le sucedió en Téveris. Mientras el emperador se entretenía en los espectáculos

circenses, dos amigos de Ponticiano salieron a pasear sin rumbo fijo y llegaron a una cabaña donde habitaban ermitaños. Había un códice con la *Vida de Antonio.* Uno de ellos empezó a leer y, acto seguido, a admirarse, a entusiasmarse y a pensar, mientras leía, en abrazar aquel género de vida para servirte a ti. En ese instante su amigo decidió hacer lo mismo. Ambos eran funcionarios de la administración imperial y tenían novia. Cuando ellas se enteraron, también te consagraron su virginidad.

122. Mientras hablaba Ponticiano, yo me había escondido detrás de mis espaldas, para no verme. Pero tú, Señor, me arrancabas de allí y me ponías delante de mis ojos para carearme conmigo mismo y contemplar lo feo, sucio, deforme, manchado y ulceroso que

estaba. Mi propia visión me infundía horror, pero no tenía adónde huir de mí mismo.

123. Recuerdo, Señor, que, en mi desorientada adolescencia, yo te había dicho: «Dame la castidad y la continencia, pero no ahora». Temía que me escucharas y me sanaras de la concupiscencia, cuando lo que yo quería era satisfacerla, no extinguirla.

124. Cuando se marchó Ponticiano, me encaré con mi alma para ver si me seguía en pos de ti. Pero ella se resistía. Rehusaba acompañarme, sin alegar excusa alguna, pues ya estaban agotados y rebatidos todos los argumentos. Solo quedaba un temblor mudo, causado por el pánico de verse apartada de la costumbre que la consumía hasta matarla.

125. Entonces, en medio de aquella agitación interior, abordé a Alipio: «Pero ¿qué es lo que nos pasa? Se levantan los ignorantes y conquistan el cielo, mientras nosotros, con toda nuestra ciencia, pero sin corazón, nos revolcamos en la carne». Salí al huertecillo y Alipio me siguió, desconcertado. Mi espíritu hervía indignado, y todo porque no acababa de llegar a un acuerdo contigo, Dios mío.

126. ¿Por qué el alma puede mandar sobre el cuerpo y, en cambio, se resiste a ser mandada por sí misma? ¿De dónde procede este absurdo? En realidad, más que un absurdo es una enfermedad del espíritu, que no se levanta empujado por la verdad porque está lastrado por la mala costumbre.

127. Cuando deliberaba sobre mi

entrega al Señor, tal como tenía decidido desde hacía mucho tiempo, era yo el que quería y el que no quería. Era yo mismo, y por eso me estaba destrozando.

128. Estaba a punto de dar el paso, pero no lo daba. Es cierto que ya no reincidía en mis acciones pasadas, pero estaba estancado a su lado, tomando aliento. Cada vez que lo intentaba llegaba más lejos, hasta casi tocar la meta, pero de hecho no llegaba y no la tocaba.

129. Me retenían frivolidades y necedades, viejas amigas que me tiraban de mi vestido carnal y susurraban: «¿Es que nos dejas? ¿Ya nunca volveremos a estar contigo? ¿Ya no podrás hacer esto y aquello?» ¡Y qué sugerencias, Dios mío, había en *esto y aquello*! ¡Qué inmundicias e indecencias!

130. Sin embargo, cuando miraba hacia donde temía dirigir mis pasos, iba abriéndose paso la casta majestad de la continencia, serena y sonriente, sin malicia. Recatada y suavemente me invitaba a acercarme sin miedo, extendiendo sus manos piadosas, llenas de infinidad de buenos ejemplos. Era un combate dentro de mi corazón, de mí mismo contra mí mismo, y con Alipio como único espectador, esperando en silencio el desenlace de mi insólita crisis.

131. Todas las miserias de mi vida se amontonaron y se me hicieron patentes al mismo tiempo, formando una enorme borrasca que descargó abundante lluvia de lágrimas. Me alejé de Alipio y caí derrumbado a los pies de una higuera, mientras exclamaba «¿Hasta cuándo voy a seguir diciendo *mañana, mañana*? ¿Por qué no ahora mismo?

¿Por qué no poner fin ahora mismo a mis torpezas?».

132. De repente oigo una voz de la casa vecina, no sé si de un niño o de una niña. Repite, cantando: «¡Toma y lee! ¡Toma y lee!». Intento recordar algún juego infantil donde se repita esa especie de estribillo, pero no recuerdo haberlo oído nunca. Entonces interpreto que se trata de un mandato de Dios, me incorporo, busco el códice del Apóstol, lo abro al azar y leo en silencio: «Nada de comilonas y borracheras; nada de lujurias y desenfrenos; nada de rivalidades y envidias. Revestíos, más bien, del Señor Jesucristo y no os preocupéis de satisfacer las concupiscencias de la carne».

133. Ya no quise leer más, ni era preciso. Al punto sentí como si una luz de

seguridad se hubiera derramado en mi corazón, ahuyentando todas las tinieblas de mi duda.

134. A continuación, le conté a Alipio todo lo sucedido. Él prosiguió la lectura del pasaje: «Acoged al que es débil en la fe». Y se aplicó a sí mismo estas palabras. Buscamos a mi madre y se lo contamos todo. Ella salta de gozo y te bendice, viendo con sus propios ojos que le habías concedido más de lo que ella solía pedirte con sollozos y lágrimas piadosas.

135. Así fue como me convertiste a ti de tal modo que dejé de buscar esposa y de preocuparme por las cosas de este mundo.

Una nueva vida

136. Todo el fondo del problema estribaba en esto: dejar de querer lo que yo quería y comenzar a querer lo que querías Tú. Noté que mi espíritu ya estaba libre de las angustias inquietantes que entraña la ambición, el dinero, el revolcarse y rascarse la sarna de las pasiones. Y podía charlar contigo, Dios mío, claridad mía, mi riqueza y mi salvación.

137. En tu presencia decidí no una ruptura espectacular con el mercado de la charlatanería, sino un alejamiento progresivo. Tomé esta decisión para que

mis alumnos —que no se ejercitaban precisamente en tu ley, sino en sofismas y en discusiones retóricas— no tomaran de mi boca argumentos para su delirio.

138. Habías acribillado nuestro corazón con tu amor y llevábamos tus palabras clavadas en nuestras entrañas. Además, el ejemplo de tus siervos era un fuego que abrasaba y disipaba nuestra pesada modorra.

En la finca de Casiciaco

139. Verecundo, uno de nuestros amigos, quiso que viviéramos todos juntos en su finca. Después de un tiempo, su cuerpo enfermó. En el transcurso de la enfermedad se hizo cristiano y se bautizó, partiendo luego de esta vida. Esto constituyó un rasgo de piedad por tu parte, ahorrándonos los sufrimientos intolerables de pensar en la generosidad exquisita de aquel amigo sin poder contarle entre los miembros de tu rebaño. A cambio de aquella finca de Casiciaco, donde descansábamos del barullo del mundo, le darás a Verecundo

la amenidad de tu paraíso de eterna primavera, después de perdonarle los pecados cometidos en la tierra.

140. Nuestro amigo Nebridio era otro de los que compartían nuestro gozo. Sin estar bautizado, era un buscador apasionado de la verdad. Poco después de nuestra conversión, también él se bautizó y se hizo católico, y tras servirte en África junto a los suyos, en castidad y continencia perfectas, después de haber convertido a la fe cristiana a toda su familia, le liberaste de los lazos de la carne. Ahora vive en aquel lugar sobre el que tantos interrogantes me planteaba a mí, hombrecillo ignorante. Ahora bebe directamente de tu fuente y es infinitamente feliz. Pienso, no obstante, que su embriaguez de sabiduría no le llevará a olvidarse de mí, ya que tú, Señor, que eres su bebida, te acuerdas de nosotros.

141. Por fin llegó el día de mi liberación de la profesión de retórico. Camino de la casa de campo adonde me dirigía con mis amigos, te daba gracias lleno de alegría. ¿Cuándo tendré tiempo para recordar y poner por escrito tus grandes beneficios en aquella etapa de nuestra vida? ¡Qué exclamaciones te dirigí, Dios mío, leyendo los salmos de David, esos cantos de fe, esas cadencias de piedad tan opuesta al orgullo! ¡Qué voces te daba yo en aquellos salmos y cómo me inflamaban en amor hacia ti! ¡Ardía en deseos de recitarlos, si me fuera posible, ante el mundo entero, contra el orgullo del género humano!

142. ¿Por qué somos tan duros de corazón? ¿Por qué, durante tanto tiempo, amé la vanidad y busqué la mentira? Los que buscan placeres suelen perderse entre las cosas materiales y efímeras,

lamiendo con imaginación famélica meras apariencias. ¿Y quién nos hará ver bien? La luz de tu rostro, Señor, que está impresa en nosotros.

143. Yo leía y me apasionaba, y no sabía cómo actuar con aquellos muertos sordos a cuyo grupo pestilencial había pertenecido.

144. Hubo un suceso que nunca olvidaré. Por aquellas fechas me estabas torturando con un dolor de muelas. Cuando llegó al extremo de impedirme hablar, tuve la corazonada de avisar a todos los amigos presentes, para que te rogaran por mí, Dios de mi salud. Escribí esta demanda en una tablilla de cera, y luego se la di para que la leyeran. Apenas nos hincamos de rodillas en ademán de súplica, desaparecieron los dolores. ¿Qué clase de dolores eran?

¿Cómo desaparecieron? Confieso que me quedé boquiabierto. Nunca me había ocurrido nada parecido desde que nací. Yo, radiante de gozo en tu fe, alabé tu nombre. Sin embargo, esta misma fe no me permitía estar tranquilo respecto a mis pecados pasados, porque aún no se me habían perdonado mediante el bautismo.

145. Finalizadas las vacaciones de la vendimia, comuniqué a los milaneses que proveyeran a sus estudiantes de otro vendedor de palabras, porque yo había optado por dedicarme a tu servicio. Al mismo tiempo, por carta, le di a entender a tu obispo Ambrosio mis errores pasados y mi elección actual.

146. Tan pronto como llegó la fecha en que tenía que dar mi nombre para el bautismo, abandonamos la finca y

retornamos a Milán. También Alipio quiso renacer en ti, conmigo. Él ya estaba revestido de la humildad conveniente a tus sacramentos. Recibimos el bautismo y huyeron de nosotros las inquietudes de la vida pasada.

El canto de la Iglesia

147. Embargado por una asombrosa dulzura, en aquellos días no me cansaba de pensar en tus profundos designios sobre la salvación del género humano. ¡Cuántas lágrimas derramé escuchando los himnos y cánticos que resonaban en tu iglesia! Me producían una honda emoción. Aquellas voces penetraban en mis oídos y tu verdad iba destilándose en mi corazón.

148. No hacía mucho tiempo que la iglesia de Milán había introducido esta costumbre consoladora y estimulante,

con gran entusiasmo por parte de los hermanos, que elevaban al unísono sus voces y sus corazones.

149. Hacía un año que Justina, madre del joven emperador Valentiniano, quería acabar con la vida de tu siervo Ambrosio. Entonces los fieles empezaron a pasar la noche en el templo, dispuestos a morir con tu obispo. Allí mi madre, que, por su celo, era la primera en las vigilias, vivía de oraciones. Y así se instituyó la costumbre de cantar himnos y salmos a usanza de las regiones de Oriente, para evitar que el pueblo se dejara abatir por la tristeza o el aburrimiento. Esta práctica se ha conservado desde aquella fecha hasta el día de hoy, y ya son muchas, por no decir casi todas, las comunidades tuyas que la han imitado en el resto de las regiones del orbe.

150. También fue entonces cuando, en una visión, le manifestaste a tu obispo Ambrosio el lugar en que yacían sepultados los cuerpos de los mártires Protasio y Gervasio. Tú los habías mantenido ocultos e incorruptos durante muchos años en el tesoro de tu secreto para sacarlos a la luz pública en esta oportunidad y así desbravar la rabia de una mujer que por añadidura era la emperatriz.

151. Tras su descubrimiento y exhumación, al proceder al solemne traslado, con los debidos honores, a la basílica ambrosiana, no solo se produjeron curaciones de personas atormentadas por espíritus inmundos y reconocidas por ellos mismos, sino que un ciudadano conocidísimo en la ciudad, que llevaba varios años ciego, al preguntar por las razones del alboroto del pueblo, que

exteriorizaba ruidosamente su alegría, y al enterarse del hecho, dio un salto e hizo que el lazarillo le condujera al lugar. Una vez que llegó, rogó que se le permitiera tocar con un pañuelo el féretro de tus santos, cuya muerte es preciosa a tus ojos. Tan pronto como realizó este gesto y aplicó el pañuelo a sus ojos, éstos se abrieron al instante.

152. Al punto se divulgó la noticia y resonaron tus alabanzas, cálidas y radiantes. Y aunque con este suceso el ánimo de aquella mujer hostil no se orientara a la fe salvadora, por lo menos sirvió de freno a su manía sectaria.

Muerte de Mónica

153. En busca de un lugar apropiado para vivir y servirte mejor, pensamos retornar a África. Y, cuando estábamos en el puerto de Ostia, murió mi madre. Omito muchos detalles, porque tengo prisa. Pero no puedo pasar por alto mis sentimientos hacia aquella sierva tuya que me hizo nacer a la luz temporal y a la luz eterna. No voy a hablar de sus cualidades, sino a cantar tus dones en ella. Tú la educaste, pues sus padres no sospechaban qué hija iban a tener. Y lo hiciste por medio de una anciana sirvienta, modelo de autoridad y ponderación.

154. Cuando se casó, se esforzó por ganar a su marido para ti, hablándole con el lenguaje de las buenas costumbres. Era mi padre un hombre afectuoso, aunque propenso a la ira. Cuando se pasaba de la raya, mi madre esperaba a que estuviera tranquilo y sosegado para hacerle ver su comportamiento. A esta buena sierva, Dios mío, le habías regalado este hermoso don: se las ingeniaba para poner en juego sus dotes pacificadoras entre cualquier tipo de personas que estuviesen en discordia.

155. Por último, también conquistó para ti a su marido. Además, era sierva de tus siervos. Todos cuantos la conocían hallaban en ella motivos sobrados para alabarte, honrarte y amarte. Sentían tu presencia por el testimonio de una conducta santa.

156. Había sido mujer de un solo hombre, había rendido a sus padres los debidos respetos, había gobernado su casa piadosamente y contaba con el testimonio de las buenas obras. Había criado a sus hijos, alumbrándoles tantas veces como les veía apartarse de Ti. También cuidó de quienes recibimos la gracia del bautismo, y lo hizo de tal modo que es como si nos hubiera parido a todos. Y se puso a nuestra disposición como si fuese hija de todos.

157. Un día, estando ya cercana su partida de esta vida, estábamos asomados a una ventana que daba al jardín de la casa donde nos hospedábamos, en las cercanías de Ostia Tiberina. Tras un viaje pesado, reponíamos fuerzas para embarcarnos de nuevo. Charlábamos e imaginábamos, en tu presencia, cómo sería ese cielo que ni ojo vio, ni oído

oyó. También imaginábamos un mundo en silencio, que nos permitiera oír directamente al Creador. Mientras hablábamos de estas cosas, juzgando como puro engaño los atractivos de este mundo, ella añadió: «Hijo, por lo que a mí respecta, nada en esta vida tiene ya atractivo para mí. No sé qué hago aquí ni por qué estoy aquí, agotadas ya mis expectativas en este mundo. Un solo deseo me retenía un poco en esta vida, y era verte cristiano católico antes de morir. Dios me lo ha concedido con creces».

158. Apenas pasados cinco días tuvo fiebre y sufrió un desvanecimiento. Acudimos corriendo, pero pronto recuperó el sentido. Viéndonos presentes a mi hermano y a mí, nos dijo: «Sepultaréis aquí a vuestra madre». Yo permanecía mudo mientras contenía

las lágrimas, en tanto que mi hermano le recordaba su deseo de no ser sorprendida por la muerte en tierra extranjera, sino en su patria. Ella le lanzó una mirada de reproche y, fijando los ojos en mí, dijo: «Mira qué cosas dice este». Y luego, dirigiéndose a los dos, exclamó: «Depositad este cuerpo mío en cualquier sitio, sin que os dé pena. Solo os pido que dondequiera que estéis, os acordéis de mí ante el altar del Señor». Después guardó silencio.

159. Yo recordaba la antigua preocupación de mi madre por la sepultura que había comprado y preparado junto a su marido. Desconocía que la plenitud de tu bondad había ocupado el puesto de este anhelo vano. Me sentía embargado de gozo y de admiración al ver las cualidades de mi madre. Ya, en una conversación con amigos, ante la

pregunta de si no temía dejar su cuerpo tan lejos de su ciudad, les había dicho: «Para Dios no hay distancias. No hay miedo de que, cuando llegue el fin del mundo, no sepa el lugar donde estoy para resucitarme».

160. Finalmente, el día noveno de su enfermedad, a los cincuenta y seis años de edad y treinta y tres de la mía, aquella alma fiel y piadosa quedó liberada de su cuerpo. ¿Qué es lo que tanto me dolía interiormente sino la imposibilidad de mantener la costumbre tan dulce y tan querida de vivir con ella?

161. En sus últimos días agradecía mis atenciones y, con grandes muestras de cariño, me recordaba que nunca había oído de mis labios un reproche o una expresión dura contra ella. Pero ¿qué era mi respeto comparado con la

esclavitud a que ella se había sometido por mí? Por eso, sin ella, yo sentía el alma herida, y mi vida casi despedazada. Esta vida que había llegado a ser una sola con la suya.

162. No lloré durante aquellas oraciones que te dirigimos cuando se ofrecía por ella el sacrificio de nuestro rescate, ni junto al cadáver al pie de la tumba, antes de su inhumación. Solo más tarde lloré en tu presencia, sobre ella y por ella, sobre mí y por mí. Y mi corazón halló descanso en las lágrimas, porque allí estabas tú para escucharme, no un hombre cualquiera que habría juzgado sin consideración mi congoja.

163. Y si algún lector me censura por haber llorado una hora escasa a mi madre, de cuerpo presente, mientras ella me había llorado durante tantos años

para que yo viviera en tu presencia, que tenga caridad y llore también por mis pecados en presencia tuya, Padre de todos los hermanos de tu Cristo.

164. Yo te ruego ahora por los pecados de mi madre. Escúchame, Dios de mi corazón, en nombre del médico de nuestras heridas que pendió del madero y que, sentado a tu derecha, intercede por nosotros. Sé que fue misericordiosa y perdonó de corazón a sus deudores. Perdónala tú también. Ella no quiso para su entierro ceremonias suntuosas, ni codició un monumento selecto, ni siquiera se cuidó de tener sepultura en su patria. Solo expresó el deseo de que nos acordáramos de ella ante tu altar, cuyo servicio no había dejado ni un solo día. Sabía muy bien que en él se dispensaba la víctima santa. A este sacramento de nuestro rescate ligó tu

sierva su alma con el vínculo de la fe. Que nadie la aparte de tu protección.

165. Descanse, pues, en paz, con su marido, a quien sirvió ofreciéndole el fruto de su paciencia, a fin de conquistarle para ti. Inspira, Señor, a quienes lean estas palabras mías, para que se acuerden ante tu altar de Mónica, tu sierva, y de Patricio, en otro tiempo su marido, mediante cuya carne me introdujiste en esta vida no sé cómo. Que se acuerden con sentimientos de piedad de quienes fueron mis padres en esta luz pasajera, para que quede ampliamente satisfecho lo que mi madre me pidió al final de su vida.

A Dios por la belleza

166. Dios mío, que yo te conozca como Tú me conoces. Virtud de mi alma, entra en ella y amóldala a ti. Esta es mi esperanza, y en esta esperanza fundo mi alegría. El resto de los bienes de esta vida son tanto menos merecedores de nuestras lágrimas cuanto más se les llora, y tanto más dignos de que se les llore cuanto menos los lloramos.

167. Soy plenamente consciente y no tengo la menor duda de que te amo, Señor. Has herido mi corazón con tu palabra y te he amado. Pero también el

cielo y la tierra y cuanto hay en ellos me están diciendo desde todas partes que te ame. Y no cesan de decírselo a todos, para que no tengan excusa posible.

168. ¿Y qué es lo que amo cuando te amo a ti? No una belleza corpórea, ni una armonía temporal, ni el brillo de la luz, tan apreciada por estos ojos míos. Ni las dulces melodías del canto, ni la fragancia de las flores, de los ungüentos y aromas. Ni los cuerpos deseados por los abrazos de la carne. Nada de esto amo cuando amo a mi Dios. Y, sin embargo, amo una especie de luz y una especie de voz, una especie de olor y una especie de sabor, y también una especie de abrazo. Porque mi Dios es luz y voz, fragancia y sabor, y abrazo de mi hombre interior. Una luz no atrapada en el espacio, una voz fuera del tiempo, un perfume que no se lleva el viento,

un sabor que la saciedad no puede extirpar. Todo esto amo cuando amo a mi Dios.

169. ¿Y quién es ese Dios? Pregunté a la tierra y me respondió: «No soy yo». Pregunté al mar, a los abismos y a los reptiles, y me respondieron lo mismo: «Nosotros no somos tu Dios. Búscalo por encima de nosotros». Pregunté a la brisa y me respondió la totalidad del aire y sus habitantes: «Anaxímenes se equivocó. Yo no soy tu Dios». Pregunté al cielo, al sol, a la luna y a las estrellas. «Tampoco nosotros somos el Dios que buscas», me respondieron. Entonces supliqué a todas las cosas que me rodean: «Habladme de mi Dios, ya que vosotras no lo sois. Decidme algo de Él». Y todas me gritaron con voz potente: «Él nos hizo». Mi pregunta era mi mirada; su respuesta era su belleza.

170. Los hombres podemos hacer ese tipo de preguntas porque lo invisible de Dios se hace visible a la inteligencia a través de las cosas creadas. Sin embargo, el amor a las cosas puede esclavizarnos, y entonces ya no somos capaces de juzgar bien. De hecho, las realidades creadas no contestan a quienes no saben juzgar. O, mejor, dirigen la palabra a todos, pero solo la comprenden algunos. La realidad me está diciendo: «Tu Dios no es el cielo, ni la tierra, ni ningún cuerpo».

171. Al buscarte, Señor, busco la felicidad, y no se me ocurre considerarme feliz con cualquiera de los goces que disfruto. Porque hay una clase de gozo que no se da a los pecadores, sino a aquellos que te sirven sin pedir nada a cambio. Tú mismo eres su gozo.

172. He conocido a muchas personas

con deseos de engañar, pero a ninguna que quisiera ser engañada. De hecho, el amor a la verdad es tan grande que quienes aman otra cosa quisieran que eso que aman fuera la verdad. Y como no les gusta que les engañen, tampoco les gusta convencerse de que se engañan. Por eso odian la verdad, a causa de aquello que aman en su lugar.

173. Desde el día en que te conocí, no te he olvidado. Desde ese día estás en mi memoria, y en ella te busco y me deleito al encontrarte. Estos son los gozos santos con que me ha obsequiado tu misericordia al poner sus ojos en mi pobreza.

174. ¡Tarde te amé, hermosura tan antigua y tan nueva, tarde te amé! Tú estabas dentro de mí, pero yo estaba fuera. Y fuera te andaba buscando. Semejante

a un engendro de fealdad, me abalanzaba sobre la belleza de tus criaturas. Ellas, que no existirían si ti, me tenían prisionero lejos de ti. Hasta que me llamaste, me gritaste y venciste mi sordera. Brillaste y tu resplandor disipó mi ceguera. Exhalaste tu aroma, me tocaste, te saboreé y me abrasé en tu amor.

175. Oigo tu voz que manda: «No se emboten vuestros corazones por el desenfreno y la embriaguez». La embriaguez está lejos de mí, y tu misericordia hará que no se me acerque. En cambio, el desenfreno o intemperancia sí que se insinúa a veces de manera solapada, pero tu misericordia la alejará de mí, porque nadie puede ser templado si Tú no se lo concedes.

176. Nadie debe sentirse seguro en esta vida, que ha sido definida en su

totalidad como una prueba, porque quien era malo y se hizo bueno puede degenerar también de bueno a malo. La única esperanza, la única confianza, la única promesa firme es tu misericordia.

177. Has reprimido mi orgullo con tu temor y has amansado mi cerviz bajo tu yugo. Este yugo lo llevo ahora y me resulta suave, porque así lo prometiste y así es en realidad. Claro que también era así antes, pero yo no lo sabía cuando tenía miedo de someterme a él.

178. Prefiero la verdad a las alabanzas, pero me encanta que me alaben. Aleja de mí, Señor, esa locura, esa peligrosísima tentación de hablar y actuar buscando los elogios.

179. Tú eres la luz permanente a quien acudo para preguntar sobre la

existencia, naturaleza y valor de todas las cosas. Escucho tus enseñanzas y tus órdenes, y lo hago con frecuencia, pues me llena de gozo. Por eso, en cuanto tengo posibilidad de librarme de mis obligaciones, me refugio en ese placer.

180. En ocasiones me introduces en un sentimiento muy fuera de lo ordinario, dentro de mí mismo, y me arrastras a una dulzura que no sé definir. Luego vuelvo a caer en las pesadumbres penosas de la vida ordinaria, vuelven a absorberme las ocupaciones que me tienen atado.

181. Jesucristo es el auténtico mediador que tu misericordia envió a los hombres. Un Justo en medio de pecadores, que con su muerte destruyó el poder de la muerte. ¡Cómo nos amaste, Padre bueno, que no perdonaste a tu Hijo

único, sino que lo entregaste por nosotros pecadores! ¡Cómo nos has amado, precisamente a nosotros, por quienes Él se hizo obediente hasta la muerte de cruz! Y de esclavos nos ha hecho hijos tuyos.

182. Tengo mis razones para estar seguro de que sanarás todos mis desfallecimientos y debilidades por medio de él, pues está sentado a tu derecha e intercede por nosotros. Si no fuera así, no me quedaría otro recurso que la desesperación. Mis flaquezas son muchas y grandes, pero tu medicina es mucho más poderosa. Si tu Palabra no se hubiera hecho carne y acampado entre nosotros, podríamos darnos por perdidos. Por eso, Señor, en ti deposito todas mis preocupaciones. Tu Hijo me redimió con su sangre y yo lo como, lo bebo y lo distribuyo. Pobre como soy, deseo

saciarme de él en compañía de aquellos
que lo comen y se sacian.

Pasión por meditar la Biblia

183. ¿Por qué te cuento tantas cosas, Señor? Por supuesto que no lo hago para que las conozcas. Me limito a estimular hacia ti mis afectos y los de mis lectores. Lo dije al principio y lo repito ahora: escribo estas confesiones únicamente por amor a ti.

184. Desde hace mucho ardo en deseos de meditar tu ley, y por eso las gotas de tiempo son preciosas para mí. Permíteme ofrecerte el servicio de mi pensamiento y de mi lengua, pero dame también la misma ofrenda, porque soy

pobre y necesitado. Libra mis labios de toda temeridad y mentira.

185. Que tus Escrituras muestren para mí todo su atractivo. Tus motivos tuviste para escribir tantas páginas colmadas de sentido. Oh, Señor, revélame sus secretos. Mira que tu voz es mi alegría, el colmo de todos los deleites. Dame lo que amo y difundiré los descubrimientos que haga en tus libros. Te lo pido por Jesucristo, tu Hijo, en quien están escondidos todos los tesoros de la sabiduría y de la ciencia.

186. Que yo oiga y comprenda cómo hiciste el cielo y la tierra en el principio. Así lo escribió Moisés y se fue. Si yo lo tuviera ahora delante, le rogaría que me aclarara sus palabras. Al no poder hacerlo, te ruego a ti, Dios mío, que me concedas entender esas verdades.

187. El cielo y la tierra, con sus mutaciones y variaciones, proclaman que han sido creados, pues no existían antes de existir como para poder crearse a sí mismos. Fuiste Tú, Señor, quien los hiciste. Pero ¿cómo lo hiciste? ¿Qué instrumento empleaste para una obra tan grandiosa? Está claro que no hiciste el universo dentro del universo, porque no existía espacio donde hacerlo. Seguro que hablaste y surgieron todas las cosas. Sí, tú las creaste con tu palabra. Pero ¿cómo hablaste?

188. Ahora mi vida transcurre entre gemidos y tú eres mi alivio. Mis pensamientos, que son las íntimas vísceras de mi alma, se ven despedazados hasta el día en que, purificado y derretido por el fuego de tu amor, me funda contigo.

189. El hombre, de ordinario, comprende

mucho menos de lo que querría, y aspira a mucho más de lo que consigue. Pero contamos siempre con tu promesa: «Pedid y recibiréis; buscad y hallaréis; llamad y se os abrirá. Porque quien pide, recibe, y el que busca, halla, y al que llama se le abre». Son tus promesas, Señor. ¿Y quién puede temer un engaño si quien promete es la Verdad?

190. He dado crédito a tus libros, pero sus palabras son muy misteriosas. Parece que las puede entender un niño y, sin embargo, su profundidad es tan asombrosa que da vértigo asomarse a ellas.

191. ¡Oh, luz de mi corazón, que no me hablen mis tinieblas! En ellas me deslicé hasta quedar a oscuras. Pero incluso en ellas te amé intensamente, pues anduve descarriado y me acordé de ti.

192. Entonces oí tu voz detrás de mí, gritando que volviese, mas apenas podía percibirla, debido al alboroto de los que no poseen la paz. Y ahora, ya ves cómo vuelvo sediento y anhelante a tu fuente. Que nadie me corte el paso, pues pienso beber de ella y vivir en ella. Ya ves que en Ti estoy comenzando a revivir. Háblame tú, Señor, charla conmigo.

Año/ Edad	Cronología básica
354	Nace Agustín en Tagaste, norte de África.
368/14	Estudia Gramática y Retórica en Madaura. Amplía sus estudios en Cartago.
371/17	Nace su hijo Adeodato. Muere su padre.
372/18	Regresa a Tagaste. Muere su amigo Harmodio.
373/19	Abre una academia en Cartago. Lee Hortensius.
374/20	Busca la verdad en los maniqueos. El cristianismo, con Teodosio, religión oficial del Imperio
380/26	Abre una academia en Roma.
383/29	Obtiene la cátedra de Retórica de Milán. En Milán conoce al obispo Ambrosio.
384/30	Abandona el maniqueísmo. La filosofía neoplatónica le acerca al cristianismo.
385/31	*Tolle, lege!*

Año/ Edad	Cronología básica
386/32	Se convierte al cristianismo. Se bautiza y regresa a África. En el viaje muere Mónica.
387/33	Funda una comunidad de vida cristiana en Tagaste.
388/34	Es ordenado sacerdote por el obispo de Hipona.
391/37	Muere Teodosio. División de Imperio: Oriente y Occidente.
395/41	Es consagrado obispo.
396/42	Obispo de Hipona. Muere Ambrosio.
397/43	Comienza a escribir las *Confesiones*. Alarico toma y saquea Roma.
410/56	Comienza a escribir *La Ciudad de Dios*.
413/59	Los vándalos invaden el norte de África.
429/75	Sitian Hipona. Muere san Agustín el 28 de agosto.

*Este libro se terminó
de editar en Madrid
el 30 de mayo de 2025,
san Fernando III*